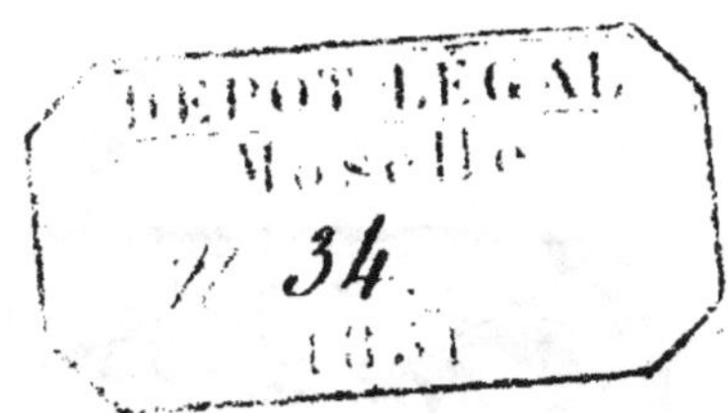
DÉPOT LÉGAL
Moselle
N° 34.
1851

ASCENSION

A L'ETNA

ou

Fragment d'un Voyage

EN SICILE ET EN ITALIE,

PAR

ALFRED MALHERBE,

Juge d'instruction de l'arrondissement de Metz, Président honoraire de l'Académie nationale de Metz, Président de la Société d'Histoire naturelle de la Moselle, Administrateur du Museum de Metz, Membre des Académies et Sociétés d'Histoire naturelle de Philadelphie, Dresde, Berlin, Leipzig, Francfort-sur-Mein, Mayence, Liége, Amsterdam, de l'île Maurice, Strasbourg, Lyon, Bordeaux, Lille, Catane, Messine, Nancy, Dijon, Valence, de l'Institut des Provinces, etc., etc.

R. F.

> Les voyages, en faisant connaître à l'homme les merveilles de la création, augmentent son admiration pour le créateur.
>
> Le voyageur s'instruit en même temps des arts, des sciences et des mœurs des peuples qu'il visite et le cercle de son esprit s'agrandit chaque jour.
>
> ....
>
> La vue de la mer, la vue d'un beau glacier ou d'un volcan, est un spectacle que rien ne peut remplacer.

AF258195

METZ,

TYPOGRAPHIE ET LITHOGRAPHIE DE NOUVIAN.

1851.

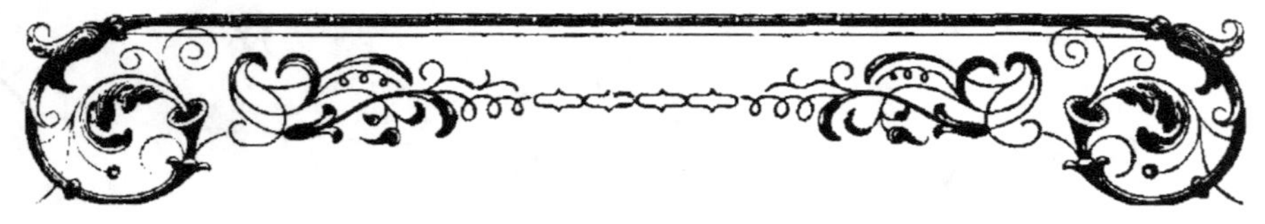

ASCENSION A L'ETNA

FRAGMENT D'UN VOYAGE

EN SICILE ET EN ITALIE.

« Avez-vous vu N. S. P. le pape? » me demandent en
France toutes les personnes auxquelles j'annonce mon retour
de l'Italie ; je dois en excepter toutefois un jeune homme
qui désirait savoir si les romaines sont aussi belles et les
napolitaines aussi vives qu'on l'assure.

« Ah! vous avez aussi parcouru la Sicile! vous avez donc
» vu l'Etna et ce tombeau de sainte Rosalie que j'ai admiré
» moi-même dans la cathédrale de Palerme..... au troi-
» sième acte de Robert le Diable? »

Quant au tombeau de cette vierge royale, je dois vous
avouer que je n'ai pu le trouver dans la cathédrale de Pa-

lerme, puisqu'il est dans une chapelle située sur le flanc escarpé du *monte Pellegrino*. Je ne vous dirai rien en ce moment du vénérable souverain pontife, que sa noble simplicité et son affabilité font aimer de tous ; de cette expression de bonté angélique et de douceur pénétrante qui charme ceux qui ont l'honneur de l'approcher ; je vous parlerai encore moins des dames romaines ou napolitaines, parce que le sujet me paraît trop léger et par trop scabreux ; permettez-moi, en revanche, de vous entretenir du roi des volcans, dont j'ai visité le cratère, non point en flânant à Catane ou aux environs, comme beaucoup de touristes, mais bien après m'être élevé à plus de dix mille pieds au-dessus de cette ville. Si donc vous êtes curieux de connaître un peu l'Etna, sans être, comme je l'ai été, brûlé par le soleil, puis glacé et harassé de fatigue, et que vous ne soyez pas effrayé par l'aridité d'un pareil voyage, écoutez ce qui suit.

Dans la nuit du 16 au 17 août, après avoir assisté, à Messine, aux fêtes de l'Assomption, qui se célèbrent avec pompe, en mémoire de la prise de cette ville par Roger sur le prince Griffon, je partis pour assister à la fête de Catane avec mes deux aimables compagnons de voyage (M. le comte D. P....., de Versailles, et M. de R....., membre de l'Académie royale de Berlin), dont le souvenir me sera toujours si précieux et si agréable.

Nous nous arrêtâmes à Taormina pour visiter les ruines antiques de cette ville, et après avoir traversé le fleuve *di Calatabiano* (anciennement *Onobola*), sur un pont en laves appelé *al Cantara* (en arabe, *cantara* signifie pont), puis la coulée de lave de l'an 396 avant J.-C., parallèle à ce fleuve, la coulée de 1379, celle de 1580 qui borde

Aci-Reale *, celles de 1381 et de l'an 124 avant J.-C., coulées qui toutes ont été taillées à pic pour l'établissement de la grande route, nous arrivâmes à Catane où je fus accueilli avec la plus grande bienveillance par MM. Carmelo Maravigna et Carlo Gemmellaro, tous deux professeurs distingués de l'Université de cette ville.

Avant de visiter les belles collections du musée Gioénie, du couvent des Bénédictins, du prince Biscari et de M. Maravigna, ainsi que les divers monuments de Catane, nous voulûmes faire notre ascension à l'Etna, sans nous dissimuler toutes les fatigues qui nous attendaient. Nous nous adressâmes donc à notre hôte, M. Abbate, que nous recommandons à nos successeurs, et il se chargea de nous faire tenir prêts, le lendemain matin, quatre mulets avec deux guides. L'un de ces mulets devait transporter nos provisions de bouche, un petit sac de charbon pour nous réchauffer à la casa degl' Inglesi, où nous devions passer la nuit, et quelques objets divers ainsi que nos manteaux. J'oubliais deux matelas d'environ six centimètres d'épaisseur sur trente-trois de largeur, et des couvertures de laine que devait nous céder M. le prince de Lus...ge, qui était parti la veille pour la même excursion, et que nous devions nécessairement rencontrer à son retour soit à Nicolosi, soit plus haut.

Notre petite caravane ne peut quitter la rue du Corso

---

* Acis est le nom du pauvre amoureux auquel la jalousie de Polyphême lança un quartier de montagne, et que Galathée changea en fleuve. Voyez dans OVIDE (*Métam.* L. XIII), le gracieux récit des amours du Cyclope, de la mort et de la métamorphose d'Acis.

qu'à cinq heures du matin seulement, par suite d'un ac-
cident survenu à l'un de nos mulets. Déjà un grand nombre
d'habitants circulent dans les rues, et nous rencontrons
des catanaises enveloppées de leurs longs *mezzaros* de
soie noire, qu'elles portent comme les levantines, en ne
laissant voir que le nez et de beaux yeux noirs. Nous déplorons cet usage barbare qui nous masque souvent les
formes gracieuses du beau sexe sicilien, et nous demeu-
rons convaincus qu'une semblable mode n'a pu être in-
ventée que par un jaloux ou par une femme disgraciée
de la nature.

Nous suivons la longue rue *Etnea* ou *Stesicorea*, et nous
arrivons successivement aux hameaux de Plaghe, Gravina
et Mascalcia, par une pente d'abord assez douce sur un
chemin de lave entouré de magnifiques cactiers nopals,
de plantations de mûriers, de figuiers, de caroubiers, de
citronniers, de châtaigniers, de vignes et d'oliviers. Au-
dessus de ce dernier bourg, où la montée est raide, l'on
aperçoit un aride plateau de lave de 1669, offrant l'aspect
de vagues agitées et formant le contraste le plus carac-
térisé avec son entourage verdoyant. Bientôt on traverse
Massanunziata, et après avoir fait douze milles, on touche
enfin à Nicolosi, où se termine la première région de l'Etna,
la regione coltivata, ou *piedimonta*, ou *piemontese*, la seule
enfin qui soit cultivée et habitée.

Nicolosi, le village le plus élevé de cette partie de l'Etna,
est entouré de beaux jardins, et l'on y voit la maison de
campagne de MM. Gemmellaro, dont l'aîné, M. Mario
Gemmellaro, enlevé naguère aux sciences et aux lettres,
était appelé à juste titre le patriarche de l'Etna.

C'est là qu'après plus de trois heures de marche nous devions faire notre première halte. A peine étions-nous installés dans la chétive auberge du lieu, que M. Joseph Gemmellaro, prévenu par son frère de notre excursion, vint nous inviter à nous reposer chez lui, ce que nous acceptâmes avec empressement. Il nous conduisit d'abord dans son jardin, et nous montrant de beaux ceps de vigne, des cactus et des figuiers chargés de fruits superbes : « Vous voyez, me dit-il, que quoique nos jardins ne soient » fondés que sur une couche de sable et de scories, ils » produisent des fruits aussi beaux que ceux de la terre » promise. » — Oui, lui répondis-je en lui montrant la fumée du cratère, mais votre Eden est trop près de l'Enfer. — « Cela est vrai pour vous, nous dit-il en souriant ; mais » quant aux habitants de ce bourg, l'habitude et l'im- » périeuse influence de la propriété sont telles, qu'elles » les attachent au sol où ils sont nés, et qu'ils redoutent » à peine l'Etna lorsqu'il gronde. »

Bientôt la chaleur devenant insupportable, M. Gemmellaro nous introduisit dans sa demeure et nous montra la petite collection géologique que M. Mario, son frère aîné, y avait réunie. Il nous fit remarquer, parmi les échantillons des Monti-Rossi, le fer oligiste qui se trouve dans une lave décomposée par les gaz acides du volcan, le peroxide de fer adhérent dans l'intérieur des cellules de quelques laves et scories, l'opale ialite et l'atakamite ou chlorure de cuivre en concrétions granulaires sur des scories.

Je le priai instamment d'avoir la bonté de me fournir divers renseignements sur l'Etna, notamment sur l'éruption qui eut lieu en 1838.

« L'Etna ou Mongibello ou Ghebel, me répondit-il,
» que nous appelons ici *la Montagna,* ce volcan, le
» plus ancien et le plus célèbre, sans contredit, de
» tous ceux qui brûlent sur la croûte du globe, a quatre-
» vingt-treize milles de circonférence à sa base. La
» hauteur du point culminant des bords du cratère était
» de 3359 mètres (environ 10298 pieds) selon M. Shouw,
» de 3314 mètres selon MM. Smyth et Herschel, qui
» l'avaient visité avant 1832 ; mais l'éruption du mois
» de novembre 1832 détruisit une partie de la cime de
» l'Etna de quatorze à quinze mètres de hauteur, ce
» qui explique comment M. Elie de Beaumont ne lui
» trouva plus, en 1834, qu'une hauteur totale de 3300
» mètres.

» Limité du côté de Messine par le fleuve *di Calata-*
» *biano,* que vous avez traversé hier au pont *del Cantara,*
» et d'où vous avez pu apercevoir, dans presque toute son
» étendue, le *val del Bove,* l'Etna est arrosé, entre Catane
» et Syracuse, par le *Simeto* aussi appelé *Fiume della*
» *Giarretta* ou *di Catania* (*Symœthus* des anciens) ; de
» sorte que ces deux fleuves entourent plus des trois quarts
» de la base de cette montagne, qui domine les terrains
» fertiles de Mascali, la côte ruinée et alpestre d'Aci,
» les écueils basaltiques des Cyclopes ou Fariglioni, et
». le littoral volcanique de Trezza, d'Aci-Castello et de
» Catane.

» Toute la masse de cette montagne colossale ne se
» compose que de matières volcaniques vomies par l'Etna
» même, lesquelles, s'accumulant sans cesse autour de
» son cratère profond, ont successivement élevé la cime

» que l'on peut citer sans contredit parmi les sommets
» les plus élevés de l'Europe[*].

» En effet, le Mont-Blanc n'a au plus que 3 787 mètres
» au-dessus de la vallée de Chamouny, si mes souvenirs
» sont fidèles; et le Chimborazo lui-même, si vanté, n'est
» élevé que de 3 622 mètres au-dessus de la vallée et de
» la ville de Quito qui sont à sa base. Quant aux volcans
» de l'Europe, ils ne peuvent être comparés à l'Etna,
» puisque le Vésuve n'a que 1 198 mètres au-dessus du
» niveau de la mer, et l'Hékla 1 013 mètres seulement.

» Vous voyez donc que la différence entre l'ascension
» de ces deux premières montagnes et celle de l'Etna,
» n'est pas aussi grande qu'on le pense généralement; et,
» puisque nous parlons des hauteurs, je dois vous dire
» qu'en ce moment vous êtes déjà à 682 mètres au-dessus
» de Catane.

» Quoique j'aime à m'entretenir de tout ce qui con-

[*] Je dois rapporter ici l'opinion que professe M. Elie de Beaumont. Ce savant géologue a démontré, d'une manière irrécusable, que les parties supérieures de l'Etna, celles qui entourent le grand cône, sont celles qui augmentent le moins d'épaisseur par les déjections modernes du volcan. A l'appui de ses raisonnements, il cite la petite ruine appelée *la Torre del Filosofo*, située dans la plaine qui se trouve au pied du grand cône. « Cette ruine antique, dit-il, dont les éruptions de quinze » à vingt siècles ont à peine entouré la base d'un à deux mètres de ma- » tières, met hors de doute l'extrême lenteur avec laquelle les produits » volcaniques s'accumulent dans ces régions élevées. » Et plus loin : « Les pentes douces de la base de l'Etna ont été produites par un remblai, » mais la saillie rapide, l'isolement et le morcellement de la gibbosité » centrale ont pour cause première un soulèvement. »

» cerne ma montagne favorite, je passerai presque sous
» silence sa célébrité dans les temps fabuleux : qui ne se
» rappelle en effet le géant Encelade vaincu, les forges
» de Vulcain, Cérès portant des torches brûlant d'un
» feu perpétuel, et allant à la recherche de sa chère
» Proserpine ? *

» L'étude des temps historiques les plus reculés de la
» Sicile vous a fait également connaître les Phéniciens,
» les Sicanes épouvantés, abandonnant leurs foyers ra-
» vagés par les Sicules ; les colonies de Calcédoniens, fon-
» dées sur ce rivage, qui, plus tard, a été, pendant une
» longue série d'années, l'objet des attaques les plus vives
» de la part des Grecs, des Carthaginois et des Romains,
» et ensuite de la part des empereurs grecs, des Goths,
» des Vandales, des Sarrazins et des Normands, jusqu'à
» la consolidation de la dynastie sicilienne.

» Je crois seulement devoir vous faire observer que
» c'est à propos d'une guerre entre les Sicules et les Si-
» canes, l'an 750 avant notre ère, que Diodore parle de
» la plus ancienne éruption connue de l'Etna, quoique
» évidemment il y en ait eu antérieurement à cette
» époque.

» Notre Etna, ajouta M. Gemmellaro, a inspiré à Pin-

---

* Il paraît que l'Etna existait comme volcan avant que, dans l'état pri-
mitif du globe terrestre, les eaux eussent complètement abandonné la
Sicile ; car on trouve (surtout près d'*Aderno* et à *Caraci*) des courants
de lave recouverts par des couches de calcaire coquillier, épaisses de
200 toises, et parfois élevées de 150 toises au-dessus du niveau de la mer.
L'Etna était probablement un volcan éteint au temps d'Homère.

» dare une belle ode dans laquelle il décrit une érup-
» tion ; et à Euripide sa tragédie du Cyclope en Sicile.
» Vous avez aussi sans doute lu dans Pausanias, l'his-
» toire de ces deux jeunes catanais, qui enlevèrent leur
» père et leur mère du milieu de la ville alors embrasée
» par les feux de l'Etna, et les préservèrent ainsi d'une
» mort certaine. L'antiquité consacra le lieu où se passa
» cette action touchante, sous le nom de Champ-des-
» Frères-Pieux.

» Sous la domination romaine, l'éruption de 662 *(ab.*
» *urb. cond.)* ébranla le sol jusqu'à Messine, et brûla
» même des navires en mer.

» Virgile, comme vous le savez, a chanté l'éruption
» qui, selon lui, présagea la mort de César ; et c'est enfin
» vers l'époque de la bataille d'Actium, qu'eut lieu la der-
» nière éruption connue avant Jésus-Christ.

» Depuis notre ère, chose singulière, quatre éruptions
» seulement furent indiquées par les historiens dans les
» douze premiers siècles : ce qui prouve qu'on en a
» oublié plus des trois quarts. A partir du douzième
» siècle, et surtout du seizième, la chronologie des
» éruptions de l'Etna n'offre presque plus de lacunes ;
» aussi ne vous en parlerai-je point. Mais Catane gardera
» toujours le souvenir des éruptions de 1169, de 1563,
» qui n'y laissèrent pas une maison sur pied, ainsi que
» du terrible déluge de feu de 1669, et du tremblement
» de terre de 1693. On évalue le nombre des victimes
» de ces quatre éruptions à près de cent dix mille, dont
» soixante-neuf mille appartenaient à la seule ville de
» Catane.

» Avec sa hauteur imposante, qui éloigne encore le
» sommet du cratère du fond de son foyer, l'Etna, brû-
» lant depuis tant de siècles, aurait pu perdre graduel-
» lement de sa puissance volcanique, et ne plus projeter
» qu'avec difficulté les matières enflammées pyrogéniques,
» comme cela est arrivé au pic de Ténériffe, dans les
» Açores, dans les Caribbes, dans le Cotopaxi et dans
» d'autres volcans à demi-éteints de l'autre hémisphère ;
» néanmoins, sa force n'est nullement altérée ; et, au
» commencement encore de ce siècle, nous avons vu
» six éruptions éclater en torrents de feu le long de ses
» flancs.

» A peine cinq années de repos s'étaient-elles écou-
» lées, lorsqu'à la fin de 1832 une violente éruption fut
» suivie d'un immense torrent de matières embrasées,
» qui, après avoir dévasté une partie des bois de Maletto
» et une assez grande étendue des terrains cultivés de
» Bronte, menaça même ce malheureux bourg d'une des-
» truction totale.

» Le 13 juillet 1838, quelques éruptions de scories
» commencèrent à se manifester dans le grand cratère,
» d'un des trois gouffres qui communiquent avec la bouche
» principale du volcan. Je dois avouer qu'on faisait peu
» d'attention à un phénomène aussi ordinaire, parce qu'il
» n'était pas encore accompagné de violentes détonations
» ou de tremblement de terre ; mais grande fut notre
» surprise, lorsque, le 2 août, nous vîmes déborder, au-
» dessus du dernier cône (circonstance assez rare), un
» petit torrent de lave qui parut se diriger sur *la torre*
» *del Filosofo.*

» Nous n'avons eu, dans le dernier siècle, que cinq
» exemples de courants de lave provenant du dernier
» cône ou du cratère même. Ainsi, le 20 novembre 1727,
» un courant de lave s'était dirigé du cratère vers Bronte ;
» le 10 décembre 1732, un semblable courant avait em-
» brasé les bois d'Aderno. Le 11 octobre 1735, deux
» torrents de lave s'étaient écoulés du cratère, l'un vers
» Bronte, l'autre directement sur Mascali. En septembre
» 1744, un torrent de lave ayant la même origine, alla
» se dégorger dans la vallée *del Bove ;* et, en 1787,
» un torrent de lave provenant des parois du cratère,
» se bifurqua en deux bras, dont l'un s'amoncela autour
» du grand cône pendant une demi-journée, tandis que
» l'autre s'avançait comme un large brasier, menaçant
» la malheureuse Bronte.

» Quant aux autres éruptions du dernier siècle, et quant
» à celles survenues depuis, elles se sont manifestées par
» de violentes détonations, accompagnées des phénomènes
» ordinaires ; mais toujours la lave surgissait des flancs
» de la montagne et non point du cratère.

» Le 2 août 1838, on craignait généralement à Catane
» que la tour du Philosophe, cette ruine antique qui a
» tant intéressé les archéologues, ne fût ensevelie par le
» torrent de lave, après avoir résisté, pendant dix-huit
» siècles, à toutes les convulsions du volcan, et à toute
» la violence de ses éruptions. Mais ceux qui connais-
» saient parfaitement, comme moi, la position topogra-
» phique de ce site, espéraient qu'il n'en serait pas ainsi.
» En effet, entre le petit monticule sur lequel est placée
» la tour du Philosophe et la base du grand cône, existe

» un courant de lave refroidie de 1787, qui devait offrir
» au nouveau torrent un obstacle presque insurmontable,
» et le forcer à prendre une autre direction. C'est aussi
» ce qui arriva : le torrent vint à se diviser ; et l'une
» des coulées se dirigea alors vers la *casa degl' Inglesi*,
» cet humble refuge imaginé et créé par l'excellent frère
» dont nous déplorons tous la perte, Mario Gemmellaro,
» l'un des observateurs les plus assidus des phénomènes
» de l'Etna. »

Après une pause de quelques instants, pendant laquelle
M. Joseph Gemellaro chercha à se rendre maître de l'é—
motion que lui occasionnait un souvenir si cher, il con-
tinua en ces termes : « Je fus chargé par mes collègues
» de l'*Académie Gioénienne* de Catane, d'aller observer
» l'éruption vers la cime de l'Etna ; et je reconnus bientôt
» que la lave se dirigeait principalement au-dessous de
» Trifoglietto et vers la vallée *del Bove*, et que le courant
» qui menaçait *la casa degl' Inglesi* s'était arrêté.

» Le grand cratère fut, comme on le pense bien, le
» point qui dut attirer spécialement mon attention. Les
» trois bouches du volcan servaient chacune à des opé-
» rations diverses : celle du nord-ouest ne vomissait qu'une
» fumée mêlée de cendres, mais en petite quantité ; celle
» du milieu, outre la fumée et le sable, projetait à chaque
» instant des scories enflammées, en faisant entendre des
» détonations suivies de sourds mugissements ; la bouche
» située presque au bord du cratère, à l'orient, et que
» l'on avait nommée, depuis assez longtemps déjà, le
» *puits de feu*, offrait le singulier phénomène de flots
» de lave embrasée s'élevant en bouillonnant. Pendant

» que, du côté du nord, cette lave s'écoulait dans le
» cratère même, elle jaillissait, du côté du sud, d'une
» ouverture située au haut du dernier cône, et c'était de
» là qu'elle s'écoulait en plusieurs bras sur le revers de
» la montagne.

» Le 5 août, la portion du cône qui s'élevait au-dessus
» du gouffre principal ne tarda pas à s'écouler ; et, depuis
» ce jour, les éruptions furent plus fréquentes, plus fortes
» et accompagnées de jets continuels de lapillis et de sco-
» ries, de sorte qu'en peu de jours, il se reforma un
» nouveau cône régulier autour de la bouche d'où la
» lave dégorgeait.

» Cet état de choses dura jusque vers les premiers
» jours d'octobre 1838, les explosions et les mugissements
» du volcan étant plus ou moins fréquents et plus ou
» moins forts. La lave qui s'écoulait de temps à autre
» formait de nouveaux torrents qui s'arrêtaient heureu-
» sement avant d'avoir dépassé les limites de la région
» découverte, et sans occasionner par conséquent de dom-
» mage aux habitants du versant de l'Etna. Aussi ces
» derniers prenaient-ils fort peu d'intérêt à cette éruption
» qui leur semblait insignifiante en comparaison de celles
» qui avaient, à des époques antérieures, occasionné de
» si grands désastres.

» Quant aux naturalistes et aux observateurs, ce phé-
» nomène leur offrit, au contraire, diverses circonstances
» dignes de remarque. Ils signalèrent notamment l'ab-
» sence de ces nuages de poussière ou de cendre qui pré-
» cèdent et accompagnent presque toujours les éruptions,
» et l'exhaussement assez paisible de la lave jusqu'au
» sommet du cratère.

» Je vous ferai grâce des observations barométriques
» et thermométriques qui furent faites par des membres
» de l'Académie Gioénienne de Catane ; car je m'aper-
» çois que je vous ai déjà retenus trop longtemps. »
Nous remerciâmes mille fois M. Gemmellaro des détails
intéressants qu'il avait bien voulu nous communiquer;
et bientôt nous prîmes congé de lui, le guide que nous
avions choisi étant venu nous annoncer qu'il était temps de
nous mettre en route.

C'est ici le lieu de faire remarquer qu'il existe à Nicolosi une corporation de sept guides ayant seuls le droit
de conduire les voyageurs jusqu'au sommet de l'Etna.
Avant de quitter Nicolosi, le guide dont on a fait choix
prend chez M. Joseph Gemmellaro la clef de *la casa degl'*
Inglesi, pour laquelle le voyageur solde au retour une certaine somme exclusivement affectée à l'entretien de ce
refuge, qu'il est si heureux de trouver en arrivant au pied
du grand cône.

Nous retournons à notre auberge, et là, nous rencontrons, comme on nous l'avait annoncé, M. le prince de
Luss..ge, que nous avions eu occasion de connaître à
Palerme, et qui revenait du sommet de l'Etna. Il ne lui
fut pas possible de nous dissimuler toutes les fatigues que
nous éprouverions dans une semblable excursion. Il nous
félicita, par compensation, sur le ciel pur et sans nuages
qui favoriserait notre ascension, et nous permettrait, le
lendemain matin, de jouir pleinement du lever du soleil à
la cime du volcan.

Il est onze heures ; nous entendons les cris des muletiers qui organisent notre petite caravane, et bientôt

nous partons précédés de Giovanni notre guide, monté sur son mulet. Nos deux muletiers, Giuseppe et Pietro, ce dernier, joli enfant de douze à treize ans, montent alternativement le mulet chargé de bagages. Giuseppe s'établit le premier, majestueusement les jambes croisées à la turque, entre les deux sacoches de provisions et de matelas que portait son mulet. Cette charge, partagée également sur les flancs de l'animal, se réunit au-dessus de la croupe par un vieux tapis sur lequel le muletier était accroupi avec la gravité d'un enfant de Mahomet.

A l'extrémité du village de Nicolosi nous tournons vers la gauche, et bientôt nous entrons dans la plaine qui s'étend jusqu'aux pieds des Monti-Rossi. Ici le sol, à huit ou dix pieds de profondeur, se compose d'un sable fin, noir et brillant, dont le reflet est insupportable au soleil, et à cette heure surtout. Le thermomètre centigrade, à l'ombre du grand parasol que porte M. de R....., marque 47°,50 Réaumur, ou 59 degrés centigrades : c'est exprimer suffisamment combien nous sommes brûlés par l'atmosphère ardente qui échauffe toute cette plaine, et me rappelle le beau ciel de l'île de France, mon pays natal. Nous ne pouvons concevoir comment peut prospérer, au pied des Monti-Rossi, une plantation de vigne que nous savons privée de pluie pendant huit ou dix mois, et comment la rosée de la nuit peut triompher de l'aridité du sol et de l'action du soleil. Nous faisons une halte de quelques minutes pour examiner ces deux cônes d'environ deux cent cinquante mètres de hauteur perpendiculaire, et dont le nom provient de la couleur rouge des scories terreuses dont ils sont formés.

BIBLIOTHÈQUE
R. F.
IMPRIMÉS

Ce sont ces Monti-Rossi qui surgirent le 11 mars 1669, et vomirent un fleuve de lave qui, brûlant tout sur son passage, contourna le château Orsini et le magnifique couvent des Bénédictins, échappés de l'incendie comme par miracle, et se précipita ensuite vers la mer, après avoir englouti partie des faubourgs extérieurs de Catane [*] et donné la mort à vingt mille habitants. Luttant alors avec les flots soulevés par les secousses volcaniques, le fleuve de feu ralentit son cours, et s'amoncela en une digue haute de cinquante pieds et de plus d'une demi-lieue de long : ainsi s'arrêta cet immense incendie que la mer ne put éteindre qu'en partie ; car, plus de huit années après, la coulée de lave fumait encore aux environs de Catane [**].

[*] M. Carlo Gemmellaro m'a montré, dans le faubourg de Catane, un lavoir qui a été établi à l'endroit où coule la fontaine de Gamazita, au pied des anciens murs de la ville. On y descend par un escalier d'environ soixante pieds de hauteur, taillé entièrement dans la lave de 1669, qui s'était amoncelée en formant une large voûte appuyée contre la partie supérieure du mur d'enceinte.

On estime à onze milliards sept cent cinquante millions de pieds cubes la masse vomie par l'Etna, durant cette mémorable éruption.

[**] Cette circonstance, toute remarquable qu'elle est, n'a rien qui ne soit commun à toutes les coulées de lave ; on sait que l'intérieur des coulées possède une très-haute température, et reste même en fusion longtemps après que la lave a cessé de couler.

Dolomieu (*Journal de Physique*, T. XLIV, p. 119), rapporte que « quelques laves du Vésuve coulent pendant des années entières avec » une largeur de quelques toises et peu d'épaisseur, sans que ni l'air ni » le sol leur soustraient la chaleur nécessaire pour les entretenir fluides. » L'Etna, ajoute-t-il, a une lave qui a coulé dix ans, pour ne parcourir

Notre guide nous indique, à trois quarts de lieue de Nicolosi, une cavité profonde que nous devons visiter au retour : c'est *la fossa della Palomba* ou *grotta dei Palombi*, dont M. Mario Gemmellaro a rendu l'accès praticable, et qui a environ soixante-dix mètres de profondeur sur vingt-cinq de diamètre.

Nous passons non loin des ruines du couvent de San Nicolo d'Arena, fondé en 1156 et dans lequel devaient habiter les Bénédictins qui ont préféré s'installer à Catane, dans le plus riche monastère de la chrétienté. Nous suivons une *sciarra* ou immense coulée de lave refroidie, entre le bois de Catane et celui de Paterno ; et, après deux heures et demie d'une marche difficile à travers ce sable noir et brûlant, les scories et la lave, nous atteignons enfin *la régione nemorosa* ou *il Bosco*, deuxième région boisée, de quinze à vingt lieues de cir—

» que deux milles. Cette lave sortit de l'Etna en 1614 et se dirigea sur » Randazzo. Pendant dix ans que dura l'éruption, elle eut toujours un » petit mouvement progressif, et cependant elle n'avança que de deux » milles. » — Les fleuves de feu qui surgirent en 1783, au pied du Skaptar Jekul, en Islande, fumaient encore en 1794, c'est-à-dire onze ans après l'éruption.

Au Vésuve, j'ai vu de la lave de plus d'une année, dans les interstices de laquelle on ne pouvait enfoncer un bâton sans qu'il prît feu. Pour s'expliquer ce fait, il faut se rappeler que la lave est fort mauvais conducteur du calorique.

Je ne puis mieux faire, au reste, pour plus ample explication de ces phénomènes, que de renvoyer à l'ouvrage de MM. Elie de Beaumont et Dufrénoy (Voyez *Mémoires pour servir à une description géologique de la France*, T. IV, p. 83).

conférence à sa base et d'environ trois lieues de largeur montante.

Nos muletiers cessent de nous assourdir par les cris qu'ils proféraient pour exciter nos haquenées, et qu'ils n'interrompaient que pour nous faire entendre des chants nasillards, du caractère le plus monotone et le plus plaintif. Nous faisons une seconde halte à l'entrée du Bosco, étendus sous des chênes verts et des chênes liéges séculaires, d'une moyenne hauteur et malheureusement aujourd'hui trop clair-semés. Ces forêts, jadis si belles et si précieuses, deviendront dans quelques années un désert aride et sans ombrage. Déjà, on n'y voit plus aucun taillis, pas un jeune brin ; et les habitants de Paterno ainsi que ceux de quelques hameaux environnants, coupent les arbres les plus vigoureux sans chercher à les remplacer : l'apathie et la paresse de ces gens est telle que, pour plus de facilité, ils abattent beaucoup de ces beaux chênes à un mètre et plus du sol, et font quelquefois même usage du feu pour y parvenir avec moins de fatigues.

Nos mulets profitent de ce repos pour réparer leurs forces, et se couchent dans l'herbe touffue que leur offre une partie du bois. Tout-à-coup, quelques petits cris me dénoncent la présence d'un oiseau que je soupçonne être une mésange. Mes compagnons y font peu d'attention ; mais, en ma qualité d'ornithologiste, il m'était important de m'assurer de l'espèce qui se trouvait dans cette localité ; et bientôt j'ai reconnu une paire de mésanges bleues *(parus cœruleus),* qui vint voltiger sur les chênes voisins de nous. Je ne puis rendre la sensation agréable que me fait éprouver la présence de ce joli couple, seuls êtres vivants que j'eusse rencontrés dans ces plaines arides *.

Après une demi-heure de repos, nous traversons le Bosco, en gravissant des terrains escarpés et tortueux, et nous sommes cinq quarts d'heure plus tard, au moment d'entrer dans la troisième région, *la regione scoperta, deserta* ou *netta*.

Avant de nous exposer au soleil brûlant de la plaine, nous jugeons à propos de faire une nouvelle halte de quelques minutes, à la lisière du bois et non loin de la *casa del Bosco,* puis nous continuons notre route.

Nous avons à peine fait quelques pas, qu'accourt à notre rencontre un jeune chevrier, qui nous offre de nous rafraîchir avec du lait de ses chèvres. Nos *excellences,* comme on nous appelle (et, dans ce pays aux doucereuses paroles, *excellence* est presque synonyme de monsieur), nos excellences donc acceptent avec empressement, en lui faisant bien promettre de se retrouver le lendemain, lors de notre passage, au lieu que notre guide lui indique.

Enfin nous arrivons, après une marche pénible, à l'une des principales glacières de l'Etna : ce sont des grottes profondes, à 2259 mètres de hauteur, où la neige se conserve parfaitement toute l'année. Des paysans

---

* Je n'ai point fait mention des diverses espèces observées dans les environs de Catane, me proposant de publier prochainement une Ornithologie générale de la Sicile.

de Nicolosi y arrivent après nous, conduisant plusieurs mulets qu'ils viennent charger de neige, au moyen d'é-normes sacoches en spart *(lygeum spartum)*. Lorsque le soleil aura disparu de l'horizon, ils se mettront en devoir de tailler la neige pour la transporter à Catane pendant la nuit.

Nous faisons ici une halte, pour permettre à nos mulets de se désaltérer dans des auges en bois, exposées au soleil, et que l'on a soin de remplir chaque jour de neige. Nous préférons nous-mêmes nous rafraîchir avec de la neige fondue ; car l'eau que nous avons apportée de Nicolosi est devenue plus que tiède dans le trajet.

Nous nous apercevons facilement que nous sommes dans la troisième région : la végétation devient fort rare ; quelques mousses, quelques violettes et quelques herbes à demi-desséchées, que cherchent à brouter nos mulets, se voient seules çà et là ; nous en trouvons néanmoins quelques-unes jusqu'auprès de *la casa degl' Inglesi* où cesse toute trace de végétation.

Déjà le soleil commence à ne plus nous réchauffer suffisamment ; le thermomètre baisse d'une manière sensible ; nous atteignons une plaine d'une lieue de diamètre, appelée *la pianura del' Frumento*, quoique certainement ni froment ni graine d'aucune espèce n'y ait jamais germé ; ou *piano del Lago*, d'après une flaque d'eau qu'y formait autrefois la fonte des neiges ; ou *piano Arenoso*, d'après les sables volcaniques qui couvrent presque toute sa surface.

C'est à l'extrémité de cette plaine, à la base du cône terminal de l'Etna et sur un petit tertre couvert de lapillis, qu'est située *la casa degl' Inglesi* ou *casa Inglese*, cet humble et noble refuge composé de trois pièces, bâti en 1811, sous la direction de M. Mario Gemmellaro, des produits d'une souscription ouverte dans l'armée anglaise, alors en Sicile, par lord Forbes qui la commandait.

A la droite de cette maison et un peu en arrière, se trouve également adossée aux coulées de lave de 1754 et de 1787, une petite hutte, *la Gratissima*, élevée en 1804 par les soins et le zèle éclairé du même M. Gemmellaro. Nous traversons la plaine avec peine, nos mulets enfonçant de trente centimètres dans la cendre. La neige, qui la recouvrait encore le mois dernier, est heureusement fondue de toutes parts ; mais un vent glacial souffle avec force et nous oblige à nous envelopper de nos manteaux et à attacher les grands chapeaux de paille qui nous ont protégés contre un soleil brûlant il y a peu d'heures. La respiration devient gênée ; le thermomètre marquait, vous vous le rappelez, 59 degrés centigrades dans la plaine de Nicolosi : il est actuellement descendu à deux degrés et demi au-dessus de zéro. Nous soufflons dans nos doigts, et nous ne pouvons nous expliquer cette différence énorme de température qu'en pensant que nous avons gravi plus de neuf lieues depuis Catane, et que nous nous sommes élevés à environ 2 989 mètres (ou 9 200 pieds) au-dessus de cette ville selon M. Carlo Gemmellaro, ou au moins à 2 984 mètres (9 002 pieds) d'après MM. Herschel et Smyth.

Nous sommes enfin au terme des fatigues de cette première journée : nous sommes arrivés à *la casa degl' Inglesi*, six heures après notre départ de Nicolosi, et après avoir parcouru depuis Catane trente milles d'Italie ou dix lieues moyennes de France.

Nous donnons quelque peu de nos provisions de bouche à nos muletiers, qui nous quittent pour aller passer la nuit à *la casa del Bosco*, parce que la température y est plus douce et que les mulets peuvent s'y désaltérer à l'une des glacières peu éloignées du bois de Paterno. D'ailleurs, le lendemain matin, nous devons faire à pied une longue excursion qui nous ramènera vers ce lieu. Notre guide seul garde avec lui son mulet, qu'il fait entrer dans l'une des trois chambres de notre hutte; puis, grâce à notre petit sac de charbon, Giovanni nous allume du feu sur un grand bloc de lave hors de *la casa*. Mais le vent est si piquant et si glacial, que nous sommes obligés de transporter notre foyer dans la première chambre, en ayant soin de laisser ouvertes la porte et l'unique fenêtre. Après avoir partagé avec notre guide un assez médiocre repas, nous faisons une petite excursion le long de la coulée de lave de 1754; et, vers sept heures et demie, c'est-à-dire peu de temps après le coucher du soleil; nous rentrons dans notre maisonnette transis et oppressés.

Giovanni, qui a pris le soin de préparer à terre notre léger couchage, nous invite au repos, en nous annonçant qu'il devra nous réveiller de bonne heure. Nous nous enveloppons donc de notre mieux: et, grâce à notre peu d'embonpoint et à toute la bonne volonté dont nous faisons preuve, nous parvenons à nous maintenir tous trois, de côté, sur ces deux petits matelas dont je vous ai déjà donné les dimensions.

Nous passons une nuit détestable ; car, malgré les précautions que nous avions prises, les émanations du charbon, ou peut-être seulement la raréfaction de l'air, nous oppressent et nous occasionnent à tous une sorte de malaise général. Ajoutez à cela un dîner froid, de la neige fondue, quoique mélangée de vin, pour boisson, la fatigue excessive, le bruit que fit le mulet logé dans une chambre voisine, et un lit aussi dur qu'étroit (car mon oreiller se compose d'un morceau de lave recouvert de mon mouchoir), et vous comprendrez aisément notre insomnie. Aussi avions-nous à peine sommeillé, lorsque la voix de Giovanni, d'accord avec ma montre, nous annonce qu'il est une heure, et qu'il est temps de nous mettre en route pour gravir le grand cône, le soleil devant se lever dans deux heures.

Le pauvre homme paraît fort inquiet sur le sort de son mulet, et nous annonce que cet animal a éprouvé un refroidissement qui peut occasionner sa mort.

« Vous avez pu remarquer, nous dit-il, grand nombre
» d'ossements blanchis aux environs de la casa : ce
» sont les restes des mulets qui périssent ici de fatigue
» et par suite de la transition presque subite de tem-
» pérature. »

Nous cherchons à le rassurer, et nous partons enfin avec courage, abandonnant à regret nos manteaux dans notre hutte. L'air vif et glacial nous saisit bientôt : le thermomètre centigrade marque trois degrés au-dessous de zéro. Giovanni à notre tête, nous escaladons d'abord, le bâton en main, la coulée de lave de 1754, qui s'élève derrière *la casa degl' Inglesi,* en obliquant un peu à gauche;

cette coulée, qui a failli engloutir la maison anglaise, se compose de scories plus ou moins grandes, plus ou moins solides et qui n'ont entre elles aucun lien. Il nous faut sautiller sur ces blocs mobiles, bien choisir ceux sur lesquels on peut poser le pied sans danger, et conserver l'équilibre avec le seul secours du bâton : aussi ne conseillerai-je pas cet exercice à tous les voyageurs. Enfin, après avoir risqué cent fois de culbuter ou de nous donner une entorse, nous parvenons au pied du cône supérieur de l'Etna. Nous entrons dans les cendres, avançant bien lentement, glissant beaucoup et reculant d'un pas sur deux dans cette cendre qui fuit sans cesse sous nos pieds. A chaque moment nous nous arrêtons tout haletants, pour calmer la fréquence pénible de notre respiration. Nous avons ainsi à gravir, presque verticalement, un cône de 435 mètres (1 300 pieds environ), composé de scories, de lave et de cendre mêlée de soufre et de pierre ponce. C'est, sans contredit, l'une des plus rudes épreuves à laquelle j'aie été soumis; et la montée du Vésuve n'est qu'une facile partie de plaisir qui ne peut se comparer à l'ascension de l'Etna. Plus nous avançons, plus la bise devient glaciale, tandis que la chaleur de la cendre augmente successivement, et, parfois, devient insupportable. Nous passons auprès d'une petite bouche, d'où s'échappent des vapeurs sulfureuses qui pourraient nous asphyxier, si nous nous y arrêtions. L'un de mes compagnons de voyage, M. de R..., est tellement découragé et épuisé de fatigue, qu'il nous déclare ne pouvoir plus avancer, et vouloir redescendre à *la casa degl' Inglesi;* mais nous lui représentons que cela est impossible, que nous ne pouvons nous séparer sans imprudence grave ; que, d'ailleurs, nous sommes au moment d'atteindre le sommet du cône..... Giovanni l'aide autant qu'il le peut ; et, après des efforts inouis, nous arrivons enfin au but de notre voyage, au bord du grand cratère, tellement essoufflés, que la voix nous manque même pour crier victoire.

La colonne de fumée et de vapeurs blanchâtres, sulfureuses, que vomit ce gouffre d'environ 250 mètres de profondeur (environ 750 pieds), et d'un diamètre moyen de 500 mètres, nous empêche d'en examiner toute l'étendue. Nous distinguons néanmoins, par intervalles, une masse de blocs de lave, de lapilli et de scories, qui comblent une partie du cratère. Notre guide nous montre un passage étroit qu'on ne pourrait franchir sans courir les plus grands dangers, et qui conduit directement du grand cratère à la seconde bouche de l'Etna, autre gouffre de quatre-vingts à cent mètres de diamètre.

Nous montons sur quelques blocs de lave, non loin de la dernière coulée, dont nous n'osons encore approcher, tant la lave conserve longtemps une vive chaleur. Puis nous nous couchons, abattus par la fatigue ; mais bientôt nous nous relevons avec empressement, car

> Le soleil ouvre sa carrière,
> Comme un époux glorieux,
> Qui, dès l'aube matinale,
> De sa couche nuptiale,
> Sort brillant et radieux. *

---

* J.-B. Rousseau, Ode II, Liv. I.

Nous voyons disparaître peu à peu des myriades de petits nuages argentés, semblables à des flocons de neige flottant sur les eaux.

La mer s'éclaire, les montagnes apparaissent ; nous jouissons du magnifique coup-d'œil de toute la Sicile, se découvrant successivement comme un panorama immense bariolé de teintes sombres et de teintes éclairées par le soleil. Je ne puis m'empêcher de m'écrier :

O que tes œuvres sont belles,
Grand Dieu !

Notre guide nous a montré, il y a peu d'instants, Stromboli, dont le cône brûlant apparaît, pendant la nuit, au voyageur qui se rend de Messine à Naples, comme un phare gigantesque, ou, plus exactement, comme plusieurs torrents intermittents de feu qui illuminent subitement le sommet du volcan, à quelques minutes d'intervalle. Nous distinguons actuellement le phare de Messine, les côtes de la Calabre, qui ne semblent en être séparées que par un grand fleuve ; plus près de nous, la colline de Taormina ; les roches basaltoïdes des Cyclopes, la ville de Catane à nos pieds ; puis Syracuse, et l'île de Malte enfin, qui se dessine comme un point bleuâtre à l'horizon. Une vapeur blanchâtre, diaprée par les rayons du soleil, s'élève encore sur quelques portions du littoral, sans nuire à ce spectacle, l'un des plus beaux de l'univers, et après lequel je ne connais rien de plus admirable et de plus éblouissant qu'un lever du soleil sous les tropiques, et la vue dont on jouit du plateau des Camaldules près de Naples.

Que nous regrettons nos manteaux ! Le vent qui nous glace devient insupportable; il est comme haché par la dilatation de l'air raréfié à cette hauteur, et nous frappe par secousses précipitées. Nous craignons à chaque instant de voir nos grands chapeaux enlevés et lancés dans le cratère, d'autant plus que nous doutons fort qu'ils nous soient jamais restitués comme les sandales d'Empédocle. Par compensation, le sol est brûlant; et ce contraste est si sensible, que nous ne pouvons stationner longtemps dans plusieurs parties de la cime. Nous savons en outre que, si, par un changement subit de vent, les vapeurs sulfureuses et épaisses qui s'exhalent du gouffre, venaient à nous envelopper, nous courrions grand risque d'être étouffés : tous ces motifs nous obligent donc à quitter, à regret, notre position vraiment insupportable, et à songer à redescendre le grand cône.

Nous suivons notre guide ; et, nous précipitant dans la cendre jusqu'aux genoux, nous glissons vivement le long du cône, comme sur une nouvelle espèce de montagne russe, et, en dix minutes, nous sommes près de la coulée de lave que nous traversons pour arriver à *la casa degl' Inglesi.*

Nous y trouvons le jeune muletier Pietro, qui vient chercher notre mulet chargé de notre bagage, pour le conduire au rendez-vous général. Quant à nous, après quelques instants de repos, nous nous dirigeons vers la gauche, afin d'examiner de près *la torre del Filosofo,* ruine informe, grecque ou romaine, située à 2 885 mètres de hauteur, et d'où l'opinion vulgaire a fait partir, 400 ans avant notre ère, Empédocle d'Agrigente, pour se précipiter dans le cratère. * La tour du Philosophe consiste en quatre murs construits en briques et en lave taillée, ayant à peine un mètre de hauteur, et ceignant un espace carré de près de sept mètres de côté. Les uns prétendent que c'était l'observatoire d'Empédocle, d'autres un sanctuaire consacré à Jupiter Etnéen, ou à Saturne ; d'autres, un antique temple de Vulcain ; d'autres prétendent enfin, et ces dernières opinions semblent plus probables, que c'était un tombeau, ou un petit belvedère, bâti pour l'empereur Adrien, lorsqu'il vint à l'Etna pour y contempler le lever du soleil. Chacun, au reste, peut faire son choix parmi tant d'avis divers, qui prouvent toute l'incertitude qui règne sur ce sujet.

De *la torre del Filosofo*, nous allons visiter un éboulement très-profond, parfaitement circulaire, produit par les éruptions de 1792 et de 1832, et que sa forme a fait nommer *la Cisterna*, la Citerne ; puis, remontant quelque peu sur nos pas et franchissant le monticule d'une pente assez rapide appelé *Serre del Solfizio*, nous découvrons toute la vallée *del Bove* ou du Bœuf, gorge profonde, remplie de blocs de lave, où l'on voit un cône très-

---

* La tour du Philosophe, placée à 2885 mètres au-dessus du niveau de la mer, est un monument antique dont il reste quelques assises en briques et en lave taillée, et qui jadis était revêtu de plaques de marbre.

Quelques personnes ont prétendu qu'il a été bâti et habité par le philosophe Empédocle, qui, suivant la tradition, voulant être pris pour un Dieu, et faire croire qu'il avait été enlevé au ciel, se précipita dans le cratère de l'Etna ; mais l'Etna eut la perfidie de revomir les sandales de cuivre d'Empédocle, et le pauvre philosophe en fut pour son suicide assez ridicule.

remarquable soulevé par l'éruption de 1819. Nous nous remettons ensuite en route, enfonçant toujours dans une cendre noirâtre mêlée de lapilli et de scories ; et, après avoir examiné, à quelque distance, les roches appelées *la Rocca del Solfizio* et *la Rocca Giannicola*, que nous avions à notre gauche, nous redescendons, après de très-grandes fatigues, pour visiter le dôme de scories appelé *la Montagnuola*.

Cette nouvelle excursion fut du plus grand intérêt par les sites variés qu'elle nous offrit, et par le vaste horizon que nous découvrîmes de la crête *del Solfizio*, quoique l'air devînt moins transparent à mesure que le soleil s'élevait.

Nous sommes harassés, et nous rejoignons nos mulets dont le secours nous devient nécessaire. Quelques minutes s'étaient à peine écoulées, lorsque nous apercevons notre chevrier de la veille, porteur d'un vase rempli d'excellent lait, et d'un porc-épic *(hystrix cristata)* * qu'il avait surpris dans les bois de Catane, et qu'il avait jugé, avec

---

* Quoique originaire des climats les plus chauds du globe, le porc-épic (*hystrix cristata*, Linn.) appelé en Sicile *Porco spino d'Italia*, s'est acclimaté aussi à l'état sauvage dans le midi de l'Italie, de l'Espagne et en Sicile. Assez commun autrefois sur la base de l'Etna, et devenu rare aujourd'hui, il habite la première région de l'Etna de préférence à la région boisée, où il ne paraît que pendant la nuit, pour y chercher sa nourriture qui se compose de racines, d'herbe, de glands, de fruits sauvages, etc.

Le porc-épic se tapit d'ordinaire dans des cavernes ou des terriers ayant plusieurs issues, auprès des coulées de lave les moins anciennes, et y vit solitairement jusqu'à la fin du printemps, époque à laquelle il se

raison, devoir m'être agréable, par suite des questions que je lui avais adressées la veille. Après une courte halte, je le quitte, content de lui comme lui de moi, et nous traversons bientôt le *Bosco*.

Vers deux heures et demie, étant arrivé à Nicolosi, je me rendis chez M. Joseph Gemmellaro pour prendre congé de lui; et, grâce à son obligeance, j'augmentai ma faune vivante de l'Etna d'une tortue *(testudo græca)* trouvée dans les jardins de Nicolosi.

C'est avec cette petite ménagerie, et les poches remplies d'échantillons de lave et de scories de toutes couleurs, que nous nous étendîmes tous trois dans une calèche que nous avions eu la précaution, comme des sardanapales au petit pied, de nous faire envoyer par M. Abbate, notre hôte

réunit à sa femelle; celle-ci, après une longue gestation, donne le jour à deux ou trois petits.

L'on avait cru pendant longtemps que le porc-épic s'engourdissait aux approches de l'hiver, et restait plongé, jusqu'au printemps, dans un sommeil léthargique; mais les traces de ces animaux que l'on a observées de temps à autre sur la neige récemment tombée, démontrent qu'ils ne perdent point entièrement leurs facultés actives pendant cette saison.

Quelques habitants des villages du versant de l'Etna élèvent le porc-épic en domesticité, et il paraît même qu'il se montre susceptible de quelque éducation. Sa chair est très-estimée des chasseurs, qui la vantent tellement que j'ai regretté de n'avoir pu en goûter. Le porc-épic qui m'a été offert, avait acquis à peu près toute sa croissance et mesurait soixante-six centimètres de long sur trente-trois de hauteur. Les piquants, raides et pointus, véritables plumes sans barbes, qui couvraient la partie supérieure du corps et y formaient de grandes zônes colorées de blanc et de noir, avec des stries longitudinales, avaient jusqu'à près de trente-quatre centimètres de long sur le dos.

de la Couronne, et bien nous en prit, car nous avions la tête lourde, les jambes raides, et, je crois, tous trois la fièvre.

Nous disons un dernier adieu à Nicolosi, à ce village de lave qu'on ne peut laisser auprès des Monti-Rossi sans de tristes pensées, et à ces champs de mort, dont les jardins, décorés d'une végétation qui se renouvelle constamment riche et vigoureuse, nous rappellent ces fleurs toujours fraîches, que des mains pieuses renouvellent sur les tombeaux.

Nous franchissons en deux heures les douze milles qui nous séparent de Catane, et à cinq heures, nous faisons notre entrée triomphale dans la rue du Corso, le visage et les mains hâlés et noircis, la chaussure et les vêtements poudreux et déchirés par les scories et la lave, nous félicitant d'avoir achevé notre voyage à l'Etna, mais promettant bien, *dans l'excès de notre fatigue,* de ne le recommencer jamais.

Tiendrons-nous notre vœu ?........................

www.ingramcontent.com/pod-product-compliance
Lightning Source LLC
Chambersburg PA
CBHW051356060726
47596CB00005B/1946